DERRIÈRE

LA

BATAILLE

LÉOPOLD CHAUVEAU

DERRIÈRE
LA
BATAILLE

PARIS
LIBRAIRIE PAYOT ET Cⁱᵉ
106, BOULEVARD SAINT-GERMAIN, 106

A la mémoire de Pierre Chauveau.

AH! ÇA IRA!

5 Août 1914, Versailles.

OUVRE les yeux tout grands, château de Versailles, ouvre les yeux, tous les yeux de ta face qui reluisent au soleil couchant.

Dresse tes cheveux, les urnes de ton fronton, et tes trophées, comme des oreilles qui écoutent.

Les sans-culottes partent! Et cette fois les aristos partent avec eux. Epaule contre épaule ou botte à botte, aristocrates et sans-culottes, ils ont des fleurs à leurs fusils!

Ah! ça ira!

La terre de France a frissonné. Les pieds

de ses enfants battent son cœur, les clous l'écorchent, elle geint de douleur et de joie ; chaque pas est un coup qui la meurtrit et la caresse, une caresse d'adieu sur son vieux cœur.

Et voilà que la Marseillaise sauvage monte comme un cri d'amour ardent.

Ah ! ça ira !

Les enfants de France ont retrouvé leur mère, la même mère pour tous, qui les aime tous, aristocrates et sans-culottes.

Toi, riche, tu as laissé ta richesse, mais ce n'est pas pour la défendre que tu pars.

Toi, pauvre, tu n'as rien laissé, tu sais que tu as cependant quelque chose à défendre qui est à toi, que tu emportes avec toi, un morceau de l'âme de ta mère.

Ferme les yeux, maintenant, vieux château, dors en paix, la route est vide, les enfants de France sont loin sur la route d'Allemagne.

Dors en paix ! Les Barbares ne viendront pas cracher sur toi, ni souiller tes glaces de leur image.

Ah ! ça ira !

ROUTE DE FRANCE

Fais le gros dos, belle route de France,
fais le gros dos !
Baisse la tête aux carrefours et tends
tes bras vers la frontière, tes bras meurtris,
tes bras sanglants, tes bras coupés, vers la
frontière.

L'Allemand marche sur tes doigts là-bas,
sur tes mains coupées, il écrase tes doigts, il
écrase tes mains.

Fais le gros dos! Des canons passent, et des
caissons et des fourgons et des hommes et des
chevaux, des fantassins, des cavaliers.

Raidis les muscles de ton dos et durcis-toi pour qu'ils roulent plus vite et marchent et passent et roulent là-bas, vers la frontière !

Ils sont passés. Ton dos blanc est nu sous le soleil, et la poussière blanchit l'herbe de tes fossés.

C'est la force de la France qui est passée, que tu portes là-bas, vers la frontière.

Et ce bruit sourd, encore lointain, c'est le canon vers quoi je vais.

Bruit sourd, lointain. Bruit solennel de défaite ou de victoire, là-bas, vers la frontière.

FOSSÉS DU FORT

Deux petits lapins crevés dans l'eau du fossé, les pattes raides et les yeux clos tout gonflés.

Des feuilles brunes, des bois pourris, noirs, dans l'eau verte, épaisse.

Un peu de vent passe et traîne toute cette mort comme un courant très lent.

Un coup de gosier bref et rauque : une grenouille fait le plongeon.

Une grosse libellule bleue, agile et monstrueuse, vole et s'arrête brusquement, et, brusquement, repart dans un autre sens.

Un poisson saute.

Grand silence triste. Grande paix.

Et tout près l'ennemi s'avance, la France est envahie, les maisons brûlent! les moissons brûlent! les villes brûlent!

Les hommes sont pris, les hommes sont tués, les hommes sont outragés et dépouillés, les femmes sont violées, les enfants fusillés, les enfants affamés, les enfants séparés de père et mère, abandonnés.

Ici, grande paix des pauvres petits lapins crevés et des grenouilles coassantes qui se répondent, qui se prient d'amour.

LES BLESSÉS ARRIVENT

Quand ils arrivent, couverts de vermine et de boue, ils nous font presque peur, nous sommes timides devant eux et nous n'osons pas leur montrer la pitié qui écrase notre cœur. Nous ne savons pas si c'est de la pitié ou de la crainte qui est si lourde sur notre cœur.

Nous n'osons pas être cordiaux avec eux, nous ne pourrions pas, sans en rougir, être familiers avec eux.

Ils viennent de trop loin pour être déjà près de nous, ils viennent de trop près de la mort.

Quand ils arrivent, nous ne savons presque pas s'ils sont des vivants ou des morts, encore des vivants, déjà des morts, demain des vivants ou des morts.

Ils se rapprochent de nous peu à peu, chaque jour un peu. La vermine héroïque et la boue sont tombées, ils deviennent des hommes, simplement comme nous des hommes.

Nous découvrons, et nous sommes bien étonnés de découvrir cela, nous découvrons qu'ils aiment leurs femmes, leurs enfants, leurs pères et leurs mères, comme nous aimons les nôtres, qu'ils aiment leurs amis, comme nous aimons les nôtres, et souvent mieux que nous ne les aimons.

Et puis ils s'éloignent peu à peu, chaque jour un peu, nous ne savons plus à quoi ils pensent, ni même, s'ils pensent encore à quelque chose, nous ne savons plus s'ils nous aiment, ni même s'ils aiment encore quelqu'un, nous ne savons pas si cela leur fait peine ou joie de mourir, ni même s'ils savent qu'ils vont mourir.

CE N'EST PAS CE QUE VOUS NOUS RACONTEZ QUI EST INTÉRESSANT.

Ce n'est pas ce que vous nous racontez qui est intéressant. Qu'avez-vous fait ? Vous-mêmes savez-vous bien encore ce que vous avez fait ? Et même avez-vous fait quelque chose ?

C'est vous-mêmes qui êtes intéressants. Chacun de vous, dans son lit, est un morceau de la France douloureuse, un morceau souffrant, un morceau qui va peut-être mourir et se détacher.

Que nous importent vos petites histoires de

bataille? C'est un si petit coin de la bataille qu'a vu chacun de vous!

Mais vous-mêmes vous nous importez.

Membres qui pourriront et tomberont, yeux crevés, faces déformées, poitrines défoncées, que la mort vous oublie!

Que la douleur aussi, peu à peu, vous oublie et s'écarte de vous!

KÉRAHRO

Toi, Kérahro, tu étais un Breton. Tu étais conducteur de tramway, et tu regrettais la belle voiture neuve — Henri Martin, Gare de Lyon — que l'on t'avait donnée deux ou trois mois avant la guerre.

Tu geignais doucement, et, tout à coup, tu te fâchais quand l'infirmière ne faisait pas, vite, ce que tu voulais. Et, tout à coup, tu redevenais le calme garçon que tu étais auparavant.

Tu avais un bras fracassé, dont les os sor-

taient à travers la peau. Ta tête, qu'un éclat
d'obus avait fendue par derrière. te faisait
mal.

Et puis tu n'as plus gémi, tu ne t'es plus
fâché, tu es resté immobile, couché sur le dos.
Tu respirais difficilement.

Les autres malades se taisaient. Ceux qui
pouvaient se lever, bras en écharpe, têtes ban-
dées, s'approchaient de ton lit, faisaient la
moue et s'en allaient et revenaient. Le caoutchouc d'une béquille grinçait sur le parquet,
le bois craquait.

Moi, je serrais, dans la mienne, ton énorme
main large et sèche, je t'appelais par ton nom,
et tu ouvrais les yeux en remuant un peu la
tête, pour me faire comprendre que tu m'avais
reconnu.

J'ai essayé de raccommoder ton crâne brisé,
mais il était trop brisé, et, le soir, quand je
suis entré dans la chambre, ton lit était vide.
Alors j'ai couru jusqu'au bout du corridor et
j'ai sangloté, le front sur mon bras plié contre le mur.

Le lendemain, on m'a dit qu'il fallait aller te voir à la Morgue.

J'y suis allé et je t'ai vu mort, sur la dalle.

Un homme recousait la peau de ta tête. Il voulait me montrer ton cerveau qu'il avait enlevé.

J'ai dit :

— Non, merci, ce n'est pas la peine,

J'ai regardé ton corps nu, ta face douloureuse, je suis parti.

L'homme qui recousait la peau de ta tête a haussé les épaules.

CHASSEUR ALPIN

QUAND je l'ai trouvé dans le train d'où l'on descendait les blessés, il était resté le dernier, seul, couché sur une banquette de troisième classe. Un peu de paille servait de litière à sa cuisse brisée.

On m'a dit :

— Celui-là vous pouvez le prendre.

Les solides gaillards que j'avais amenés avec moi l'ont enlevé, si doucement qu'il n'a pas gémi ; ils l'ont posé sur un brancard, par terre.

Il avait une figure d'enfant, rose et fraîche, une petite barbe blonde, frisottée, clairsemée.

Tout à coup il a mis ses deux mains devant ses yeux et il a sangloté en criant :

— Ma femme! ma pauvre petite femme qui est à Annecy! je ne la reverrai plus! et ma mère! elle est aussi à Annecy! je ne la reverrai pas non plus!

J'ai arraché lentement de son visage une de ses mains, je l'ai serrée dans la mienne en disant :

— Soyez tranquille, mon petit, vous écrirez à votre femme et à votre mère, elles viendront vous voir à l'ambulance, et nous vous soignerons bien.

Il a crié comme un fou :

— Monsieur le major! ne me laissez pas remettre dans un train, je souffre trop, je vais mourir, gardez-moi ici, Monsieur le major!

Il ne voulait plus lâcher ma main.

Alors j'ai tapoté sa joue en disant :

— N'ayez pas peur, mon petit, je vous prends avec moi, on va vous emmener à l'ambulance, dans une bonne automobile,

votre femme viendra, et, bientôt vous retournerez avec elle à Annecy.

— Ah ! oui ! gardez-moi ! emmenez-moi !

———

Maintenant il est mort.

Sa femme et sa mère sont venues. Je les ai
trouvées à son chevet, et il a dit en me voyant
entrer :

— Tiens, maman, voilà Monsieur le major
qui m'a amené ici où je suis si bien. C'est lui
qui m'a sauvé la vie ; il faut le remercier. A
présent je vais tout à fait bien.

Je n'ai rien dit. Je regardais ses yeux et le
tracé de sa température qui, chaque soir, tendait en haut, vers la mort, de longues pattes
de pieuvre, et les laissait tomber, lassé, chaque matin, vers la mort encore, la mort en
haut — la mort en bas !

Les deux femmes avaient des larmes sur les
joues.

Elles se taisaient.

Et, brusquement, pendant qu'elles étaient
là, il est mort.

RENARD

QUAND j'arriverai demain, le trouve-
rai-je donc mort aussi ?
    Tout le monde l'aimait et lui
obéissait. De sa grosse voix étouffée il donnait
des ordres. Il voulait être assis d'une certaine
façon, couché à son idée, pansé quand cela
lui convenait.

Un éclat d'obus avait crevé son énorme
poitrine d'Hercule, il avait peine à respirer et
j'ai dû l'ouvrir encore davantage.

Quand il est arrivé à l'ambulance, il était
étendu sur un brancard, la tête un peu sou-

levée, il haletait, son képi tombait sur son nez mince, et sous la visière, dans l'ombre, ses yeux noirs, grands ouverts, étaient immobiles, angoissés et las. Sa longue face maigre, si belle, était tachée de boue.

Les premiers jours il n'était pas aimable, oh ! pas du tout ! et il élevait la voix, à courte haleine, pour nous intimer des ordres précis.

Peu à peu il est devenu doux, très doux. Il me remerciait, chaque fois que je l'avais pansé ; je prenais sa main et il souriait en me regardant tendrement.

Quand son pansement était ôté, il voulait que je lui gratte le dos.

— Vous seriez bien aimable de me gratter encore un peu, Monsieur le major !

Je le grattais.

— Allez fort ! Monsieur le major.

Un peu plus à droite.

En haut, maintenant.

Ah ! c'est bon, Monsieur le major !

Je continuais, et il tendait le dos comme un gros chat.

Sera-t-il donc mort aussi demain matin ?

Je l'aimais plus que tous les autres; il le savait, mais je savais aussi qu'il m'aimait. Son regard me le disait, son regard si tendre, et son sourire quand je m'en allais !

MARTINEAU

Je n'ose pas entrer dans sa chambre, ce
soir. Il avait moins de fièvre hier; j'ai
peur qu'il ne soit encore remonté à qua-
rante.

Il me disait:

— Guérissez mon pied! Gardez-moi ma
jambe! S'il faut que je reste un estropié,
j'aime mieux mourir.

Je le pansais, je le soignais. — Ça n'allait
pas.

Je suis parti pendant deux jours.

Quand je suis revenu il a pleuré en me disant :

— Ah! Monsieur le major, je suis bien content de vous revoir !

J'étais celui qui, le premier, l'avait soigné et, chaque jour, l'avait pansé.

Il ne souffrait pas, sa jambe n'était pas malade, mais son pied blessé était devenu froid, gonflé et vert comme un pied pourri. Lui-même ne pouvait plus supporter son odeur.

Je lui ai coupé la jambe.

Maintenant il n'a plus de force, il ne mange plus, il demande à boire, toujours à boire.

Il me dit qu'il va mourir. A peine a-t-il encore la force de parler, et, tout ce qu'il veut me dire c'est qu'il va mourir, par ma faute : j'aurais dû lui couper la jambe plus tôt.

C'est vrai, il va mourir par ma faute. Je mens quand je lui dis le contraire. Il le sait bien ; il n'a plus confiance en moi; il ne voit plus que moi entre la mort et lui.

Serai-je assez fort pour la tenir, à bout de bras, loin de lui, jusqu'à demain seulement ?

Serai-je assez adroit pour attraper sa main,

si elle la lance brusquement vers lui, par-dessus mon épaule?

Pourrai-je garder, jusqu'à demain, mes yeux ouverts, pour la fixer, de mon regard, dans ce coin sombre de la chambre où elle se tapit ?

Serai-je assez vigilant pour ne pas m'endormir, dans cette chambre, avant demain?

MOULIN

Quand j'ai ôté son pansement, sa plaie était déjà violette, presque noire, sa jambe énorme.

J'ai fendu sa cuisse du haut en bas, profondément; des bulles de gaz en sortaient comme si j'avais labouré la boue d'un marécage.

Et puis il est devenu très faible; il parlait tout le jour sans qu'on pût le faire taire. Quand le soir venait, il parlait encore, mais il disait des choses qui n'avaient pas de sens, et il s'arrêtait tout à coup, comme étonné.

Peu à peu il s'assoupissait, il se taisait,

mais parfois, encore, il prononçait des mots
au hasard, en plein silence, dans la nuit.

Une nuit il a dormi sans rien dire.

Le lendemain il a demandé à manger.

Et, un matin, je l'ai trouvé rasé de frais et
bien coiffé, assis.

Je lui ai dit :

— Ah ! Ah ! Moulin, ça va bien !

Il a ri et m'a répondu :

— Oui, ça va bien, Monsieur le major, mais
je crois que j'aurai là, maintenant, une fichue
jambe qui aura de la peine à marcher au pas
avec l'autre.

BRICARD

IL ne peut pas vivre. Dans quelques heures, sans rémission, il sera mort.

Quand je suis sorti de la chambre, sa mère était debout, immobile dans le couloir.

Elle a pris ma main, elle m'a regardé.

J'ai secoué la tête, je n'ai rien dit.

Elle s'est appuyée au mur, le dos contre le mur, et elle a murmuré, si bas que je l'ai à peine entendue :

— Vous prierez pour lui ! Dites seulement une prière pour lui !

Comment pourrais-je prier pour lui, moi
qui ne crois pas en Dieu ? Mais comment au-
rais-je pu refuser quelque chose à cette femme
dont le fils mourait, là, derrière cette porte ?

— Promettez-moi de prier pour lui ! Dites !
Promettez-le moi !

Sa voix tremblait à peine, sa voix était une
faible petite voix déchirante.

Je n'osais pas répondre encore.

— Pourquoi ne voulez-vous pas dire seulement une prière pour lui ? Dites ! Priez pour
lui ! Promettez-moi de prier pour lui !

Alors j'ai promis. Elle m'a serré la main
très doucement.

Et quand j'ai été dans la rue, j'ai crié au
fond de mon cœur :

« Mon Dieu ! aie pitié de cette femme ! n'aie
pas pitié de moi qui suis peut-être responsable
de cette mort, mais aie pitié de cette femme !
Que ta volonté soit faite, mon Dieu ! mais
que ta volonté soit que cet homme ne meure
pas ! »

Au delà des paroles de ma prière, plus haut
que des paroles ne peuvent aller, ma pitié

est montée, et j'ai compris qu'elle était devenue la Toute-Puissance de Dieu qui empê-
chera cet homme de mourir.

Et j'étais léger, dans la rue, comme si j'a-
vais été joyeux.

BLANCHET

JE le panse. Il est très faible, mais il a encore la force de souffrir et il crie.

Sa tête roule de droite à gauche, de gauche à droite, lentement, sur l'oreiller.

Ses paupières tombent devant son regard. On ne voit que le blanc de ses yeux, à peine un peu de bleu sous ses paupières qui tombent.

Je l'appelle ; il ne me répond pas, il ne me regarde pas ; il crie.

Personne ne dit plus un mot dans la chambre. Personne ne bouge plus dans la chambre.

Il semble que personne ne dise plus un mot ni ne bouge, dans tout l'hôpital.

Les enfants qui jouaient, dans la rue, se sont tus aussi. Ils ne jouent plus. Ils écoutent ce cri.

Il crie! Alors, lâchement, je m'irrite un peu contre lui, contre moi-même, et ce n'est pas très doucement que je lui dis :

— Allons! Allons! mon vieux Blanchet! je ne vous fais pas grand mal, il ne faut pas crier comme cela.

Tout de suite, avant d'avoir fini de parler, je suis honteux de moi-même, je m'irrite encore plus contre moi-même, et je deviens très maladroit, toujours plus maladroit parce que j'ai honte aussi d'être devenu si maladroit.

Il crie! Je sens de la haine dans ce cri, de la haine que j'ai méritée maintenant.

Il est pansé, et je ne trouve pas à lui dire un de ces mots qui font oublier le mal que nous avons fait — pas oublier mais pardonner.

Il ne crie plus. Il ne bouge plus. Il a fermé les yeux.

Pendant un instant, tout reste encore silencieux. Et puis on fait un peu de bruit, dans la chambre.

Et puis j'entends les bruits de l'hôpital.

Les enfants ont repris leurs jeux dans la rue.

MILLOUD

DE Milloud je n'ai rien voulu dire, tant que j'ai eu peur de le perdre.

Il était un homme parfaitement aimable et bien élevé. Il n'était, cependant, qu'un brave homme de la campagne, qu'un paysan, mais en lui je n'ai jamais trouvé trace de grossièreté.

Il souriait, dès qu'il ne souffrait plus, et nous remerciait de la moindre chose que nous faisions pour lui.

Maintenant qu'il est guéri, je peux bien dire

qu'il est un homme délicieux, plus courtois que n'importe quel homme du monde.

Quand je le pansais, il s'inquiétait de savoir si je n'étais pas fatigué de rester courbé sur lui, et il demandait poliment à l'infirmière de m'apporter une chaise, en s'excusant, auprès d'elle, de la déranger, auprès de moi de se mêler de ce qui ne le regardait pas. Il disait qu'il supporterait mieux le mal que j'étais obligé de lui faire, s'il savait que j'étais bien assis.

Maintenant il est à peu près guéri, il marche en s'aidant d'une canne; il est toujours le même homme aimable qui sourit quand il me voit et me dit bonjour avec tant d'amitié !

LIEUTENANT CROZAT

JAMBE cassée, mal emballée, cheveux ébouriffés, barbe pas faite, grands yeux étonnés, effarés, d'oiseau de nuit qu'éblouissent les lumières, il entend encore les obus éclater, les balles siffler, et il répète :

— Sales Boches! dans quel état ils m'ont mis! Et puis le train, docteur! et puis l'auto! il ne lui manquait plus que cela à ma pauvre jambe! Elle est fichue, ma pauvre jambe! Et moi aussi, docteur! je suis fichu!

Le lendemain, coiffé, rasé, jambe bien emballée, il est calmé.

Et peu à peu la joie monte à son cœur, monte à ses yeux, grands yeux étonnés et joyeux, chassant sa crainte et son effroi.

Quand il souffre, il me fait demander de venir, et je le trouve à demi assis sur son lit. Il me dit sans rire :

— C'est curieux, docteur, je souffrais comme un damné quand vous étiez encore derrière la porte, et depuis que je vous vois, je ne sens plus rien du tout.

Je réponds en riant :

— Vous êtes un farceur, Crozat, vous aviez envie de me voir, vous ne souffriez pas.

— Ah ! non ! docteur ! j'avais envie de vous voir, évidemment j'ai toujours envie de vous voir, mais je vous assure que ce n'était pas tenable comme souffrance.

— Et maintenant ?

— Maintenant je ne sens plus rien du tout. Mais qu'est-ce que je ferai si cela me reprend et si vous n'êtes pas là ?

— Je vous donnerai ma photographie, vous la poserez sur la table de nuit et vous la regarderez quand ça n'ira pas.

— Entendu, docteur, même si le truc ne réussit pas, je serai très content d'avoir votre binette toujours sous les yeux.

— Binette ! Binette ! dites donc !

— Oh ! docteur ! binette dans le sens de figure sympathique.

— J'espère bien !

Quelques jours après, je lui apporte ma photographie. Il la place dans un cadre, sur sa table de nuit, et il ne souffre plus.

CAPITAINE DERLON

JE viens d'opérer le capitaine Derlon. Je vais le voir dans son lit. Il est très excité, à peine réveillé. Il me crie, farouche :

— Ah ! vous voilà, docteur ! Je vais guérir, n'est-ce pas ? Je souffre, mais je m'en fous si la France est sauvée ! Dites-moi que je pourrai aller en tuer encore quelques-uns ! Quand je pense que j'ai fait des prisonniers !

Docteur ! jurez-moi que la France sera sauvée ! j'ai confiance en vous ; dites ! jurez-le moi, jurez-le moi, et je vous croirai.

— Oui, mon capitaine, oui, oui!

— Merci, docteur, je vous crois, je souffre, mais je m'en fous puisque la France sera sauvée : vive la France !

— Oui, mon capitaine, vive la France !

MALENFANT

J'AVAIS pleine confiance en Malenfant.

Un jour il s'est battu avec un Arabe.

Il m'a dit :

J'ai voulu l'empêcher de danser la danse du ventre devant une infirmière. Alors il s'est jeté sur moi et je me suis défendu.

J'avais pleine confiance en Malenfant ; je l'ai cru et j'ai envoyé l'Arabe dans un autre hôpital.

Le lendemain, Malenfant a demandé la permission de la journée.

Pendant qu'il était dehors, j'ai découvert

qu'il avait eu sa large part de torts, peut-être
la plus large part des torts, peut-être même
presque tous les torts.

Il est rentré trois heures en retard, et
il m'a trouvé, justement, en train de panser
un nouvel arrivant, dans le lit voisin du
sien.

Je lui ai dit sèchement que je regrettais
d'avoir eu confiance en lui et que je regrettais
surtout de ne pas l'avoir renvoyé lui, au lieu
d'avoir renvoyé l'Arabe.

Il a essayé de s'excuser, mais, au premier
mot, je lui ai imposé silence.

Pendant deux jours je ne lui adressé que
les paroles indispensables. Il me saluait mili-
tairement et je ne lui disais ni bonjour ni bon-
soir.

Le troisième jour je l'ai opéré.

Quand il a été couché sur la table, il a
brusquement repoussé, de la main, le masque
d'éther et il a crié :

— Monsieur le major ! Venez ! Monsieur le
major !

Je me lavais déjà, je suis venu les mains pleines de savon. Il m'a regardé de ses yeux suppliants et m'a dit :

— Docteur, pardonnez-moi, donnez-moi la main.

J'ai voulu rire, mais mon rire a fait comme un bruit de sanglot.

— Oui, Malenfant, c'est tout pardonné, mais je ne peux pas vous donner ma main qui est pleine de savon.

— Ça ne fait rien, donnez-la moi tout de même.

Et je la lui ai donnée.

— Docteur, vous m'avez fait beaucoup de peine.

— Vous aussi, Malenfant, vous m'avez fait beaucoup de peine. J'avais confiance en vous et vous ne le méritiez pas.

— Monsieur le major, je vous assure que vous pouvez avoir confiance maintenant. M'avez-vous tout à fait pardonné?

— Mais oui, mon vieux Malenfant, c'est une affaire tout à fait finie.

— Hé bien! alors! vous pouvez commencer à m'endormir.

— Allez-y! ai-je dit à celui qui tenait le masque.

Et j'ai laissé ma main, pleine de savon, dans la main de Malenfant, jusqu'à ce qu'il fût endormi.

JEANNERET

C'ÉTAIT un petit homme maigre. Avant la guerre, il était épicier dans un village de Bourgogne.

Il avait des yeux gris, une large face plate un peu jaune, quelques cheveux noirs sur sa grosse tête, quelques poils noirs au menton aussi.

Il était étendu sur la table d'opérations.

Nous avons examiné sa jambe, nous nous sommes regardés, et je lui ai posé la main sur le front, en lui disant, le plus doucement que j'ai pu :

— Votre jambe est en bien mauvais état.

Il a commencé à se troubler. Il m'a demandé :

— Et alors?

— Alors il faut absolument la couper.

— Couper ma jambe! Non! Non! Je veux
la garder. Qu'est-ce que je ferais sans ma
jambe? J'ai besoin de ma jambe.

— Il n'y a pas moyen de la garder, mon
pauvre petit, elle est déjà tout à fait morte, on
ne peut pas garder une chose morte.

— Non, Non! Tâchez de la garder; je ne
veux pas qu'on la coupe!

— Il faut la couper ou vous êtes perdu.

Il s'était assis; j'avais maintenant la main
sur son épaule. Il regardait sa jambe et la tâtait, effaré qu'elle fût froide et insensible, verdâtre et gonflée jusqu'au genou.

Il répétait :

— Non! Non! Tâchez de la garder. J'ai une
mère, des sœurs, qu'est-ce que je ferai sans ma
jambe?

— Vous voyez bien vous-même qu'elle est

morte. Tenez ! je la pique et vous ne sentez rien.

Il regardait sa jambe, et la tâtait, et répétait :

— Non ! Non ! Tâchez de la garder.

— Je voudrais bien vous la garder, mais c'est impossible. Si je vous laisse comme cela, vous allez mourir. Demain il serait trop tard.

Il s'est tu ; il tâtait toujours sa jambe, et nous étions silencieux autour de lui.

Enfin, il a dit :

— Où allez-vous me la couper ?

— Un peu plus haut, un peu plus bas, cela n'a pas d'importance. L'important est que vous viviez. On va télégraphier à votre mère et à vos sœurs de venir vous voir. Elles viendront et vous retournerez chez vous, tous ensemble, et vous reprendrez votre métier d'épicier avec une bonne jambe de bois.

— Alors, vous ne pouvez pas la garder ? J'aimerais mieux la garder, essayez, s'il vous plaît, de la garder !

— Mon pauvre petit, vous êtes en danger

de mort; il faut la couper tout de suite; dans une heure il serait peut-être trop tard. Maintenant cela marchera très bien; nous allons vous endormir, vous ne sentirez rien du tout et vous serez guéri.

Il s'est laissé aller en arrière, il s'est couché sur la table, il a fermé les yeux et il n'a plus rien dit.

Moi, j'ai fait signe à mes aides en leur disant:

— Vite !

HOUELLE

Il a été très près de la mort. Il est tout à fait guéri maintenant.

Je lui demande s'il a eu peur de la mort.

Il me répond :

— Quand on a une femme, six enfants et que l'on croit qu'on va mourir, on pense à eux, on se demande ce qu'ils vont devenir ; on n'a plus le temps de penser à l'impression que cela vous fait à vous.

LE ROY

Il était courageux, toujours content ; il ne se plaignait amais.

Plus il allait mal, plus il était content, mieux il se trouvait, et quand son état fut tout à fait désespéré, il retrouva entièrement sa sérénité et sa confiance qui avaient un peu diminué les jours précédents, à mesure que je repr nais quelque espoir.

Et tandis qu'il mourait, tandis que je m'acharnais aux suprêmes efforts pour l'empêcher de mourir, ceux qui m'aidaient, qui ne le connaissaient pas, parlaient de choses in-

différentes, faisant mécaniquement, ponctuel-
lement, suivant les règles, sans y prendre in-
térêt, ce qu'il y avait à faire.

Dès qu'il a été mort, vite ils s'en sont allés,
sans plus penser à lui. Ils riaient déjà avant
d'avoir fermé la porte, et moi j'ai eu les jambes cassées jusqu'au soir.

LIEUTENANT MALLIN

Il se cramponnait à ma main, il l'avait attirée, il la serrait contre sa poitrine, et, à travers ses doigts crispés, je sentais battre son cœur.

Sa tête était un gros paquet tout blanc, tout rond, sur l'oreiller.

Je ne voyais qu'un des coins de sa bouche, avec une petite pointe de moustache blonde, un peu son nez et un œil bleu, un grand œil bleu avec une large pupille noire au milieu.

Du coin de sa bouche il souriait; il n'avait

presque pas l'air de faire effort pour sourire,
et il m'a dit :

— Je crois que j'ai un peu de fièvre ce soir.

Il tremblait, tout son corps tremblait, et
ses lèvres aussi, et sa moustache, quand il
parlait.

Et puis il a dit :

— Est-ce que ma femme pourrait venir me
voir ici ?

Je lui ai répondu :

— Certainement : Nous lui avons envoyé
une dépêche hier, quand vous êtes entré chez
nous, elle va peut-être arriver bientôt.

— Oh ! merci, docteur ! Vous êtes gentil !
Nous ne sommes mariés que depuis deux
mois. J'ai eu une permission de huit jours
pour me marier.

— Elle arrivera peut-être aujourd'hui, mais
il ne faut pas y compter, les télégrammes ont
souvent du retard.

— Oh ! non ! je suis sûr maintenant qu'elle
viendra aujourd'hui.

Et, juste à cet instant, sa femme est entrée,

une jolie petite femme blonde, toute petite, presque une petite fille.

Elle a couru jusqu'au lit, et elle est restée debout, les mains jointes.

Elle est restée debout, immobile, embarrassée.

Et puis elle a murmuré simplement :

— Tu ne vas pas mourir, dis !

Il ne souriait plus, il la regardait, un petit lac de larmes montait dans le coin de son œil, et il a tourné un peu la tête pour les faire couler

Alors je suis parti, et, quand je suis revenu, deux heures plus tard, elle était assise, à demi couchée sur le lit, une main dans sa main, la joue appuyée sur le gros pansement blanc, et elle pleurait en sanglotant doucement.

Et lui râlait, et son œil bleu, grand ouvert vers le plafond, était presque tout noir.

BERTHOMÉ

Il mourait lentement. Il était jaune et décharné ; il avait l'air très vieux ; sa barbe avait poussé, toute grise, courte et raide ; ses yeux restaient à demi clos, au fond de ses orbites creuses, sous ses épais sourcils.

Il était calme, on le voyait à peine respirer.

Quand la lumière baissa, vers le soir, il se mit à parler à voix basse.

Je m'approchai. Il prononçait des mots que je ne reconnaissais pas, de longues phrases incohérentes, et puis il se taisait, et puis il prononçait encore des mots que je ne reconnaissais pas.

Je lui demandai :

— Avez-vous besoin de quelque chose, Berthomé ?

Il ne sembla pas m'avoir entendu, il continua à parler à voix basse, à prononcer de longues phrases incohérentes, et, tout à coup, je compris qu'il disait :

— Jean ! Jean !

Et de nouveau, après beaucoup d'autres mots que je ne reconnus pas :

— Jean ! Jean !

Et encore :

— Jean ! Je veux voir Jean !

Je lui demandai :

— Qui est ce Jean que vous voulez voir, Berthomé ?

Ses yeux s'ouvrirent, au fond de leurs orbites creuses, il tourna la tête vers moi, me regarda :

— Jean, c'est mon fils, je veux le voir !

— Comment ? Berthomé ! Vous m'avez toujours dit que vous n'aviez pas de famille, ni femme, ni enfants, ni parents à qui écrire que vous étiez blessé !

— Je n'ai plus que lui, Jean, je veux le voir.

— Nous allons, tout de suite, lui télégraphier de venir.

Il me répondit doucement, d'une voix assurée et tranquille :

— Comment voulez-vous qu'il vienne ? Il est mort. Ils l'ont tué, voilà six mois, dans les tranchées, en Argonne.

Je restai silencieux. Et lui, se dressant à demi sur ses coudes, il me cria tout à coup, comme un furieux :

— Je vous dis qu'il est mort ! Quand je vous le dis ! Il est mort !

Il se laissa retomber sur le lit, il referma les yeux, il se remit à parler à voix basse, à prononcer des mots que je ne reconnaissais pas, de longues phrases incohérentes.

Ses lèvres remuaient, ses mains s'agitaient, ses doigts se crispaient sur la couverture.

Ses narines se resserraient et s'ouvraient, par saccades, comme les naseaux d'un cheval essoufflé. Des gouttes de sueur brillaient sur

ntendis encore :
Jean ! Jean !
puis il se tut.
puis il mourut.

CAPITAINE BERNARD

On vint me demander si je pouvais recevoir la femme du capitaine Bernard, un blessé qui était mort la veille.

Elle entra. Je me levai. Je l'invitai à s'asseoir, mais elle resta debout et me dit, d'une voix qui déjà tremblait un peu :

— Docteur, c'est vous qui avez soigné mon mari, le capitaine Bernard.

Sa voix tremblait plus fort, à mesure qu'elle parlait.

— Est-ce qu'il ne vous a chargé de rien, pour moi, avant de mourir ?

Je répondis, presque honteux de ne pas mentir :

— Non, il ne m'a chargé de rien. Hier matin, à son entrée, pendant que je le pansais, il m'a raconté qu'il travaillait, avant la guerre, dans une banque dont j'ai oublié le nom. Je l'ai revu, le soir, quand il allait mourir; il savait qu'il allait mourir, et il m'a parlé de sa petite fille, sa petite Berthe.

— Alors, il ne vous a rien dit — elle était pâle, elle faisait effort pour prononcer un mot; elle s'arrêtait; elle faisait un autre effort et prononçait vite quelques mots encore — il ne vous a rien dit pour moi !

Je secouai la tête.

Elle s'affaissa sur une chaise et murmura, comme si elle en eût annoncé la nouvelle à quelqu'un que je ne voyais pas :

— Il ne m'a pas pardonné, même quand il a su qu'il allait mourir !

Elle cacha sa figure dans ses mains, et elle éclata en sanglots.

Je sortis, pour qu'elle pût pleurer à son aise, et je refermai très doucement la porte.

Quand je revins, elle n'était plus là, et je ne l'ai pas revue.

CAZALIS

AZALIS fume sa pipe et rit. Je viens, ce soir, comme chaque soir, constater qu'il n'a plus de fièvre ; il est tranquille jusqu'à demain.

Chaque matin, quand je m'approche de son lit, les mains gantées d'énormes gants de caoutchouc, il fait la grimace et geint.

Je l'encourage :

— Allons ! mon vieux Cazalis, il ne faut pas crier avant d'être battu.

— Je ne crie pas encore, Monsieur le major ! tout à l'heure vous allez entendre comment c'est quand je crie.

Du bout du doigt je lui touche le pied. Il hurle.

— Non ! Cazalis ! Ce n'est pas vrai !

Il daigne sourire et dit :

— Non ! ce n'est pas vrai maintenant, mais ce sera peut-être vrai dans un moment.

Après chaque pansement, il reconnaît que que je ne lui ai pas fait le moindre mal.

— Vous ne m'avez pas fait de mal, mais vous auriez pu m'en faire, et beaucoup même ! Alors j'ai crié.

Il est de Nice et il a l'accent nécessaire.

LIEUTENANT MOREL

Il quittait l'ambulance; on l'envoyait dans un hôpital de l'intérieur.

Sa vie n'était plus en danger, mais une de ses jambes cassées n'était pas encore solide.

Il était assis sur un brancard posé à terre, derrière l'automobile où les infirmiers allaient l'enfourner.

Il avait, sur la tête, son bonnet de police aux cornes pointues. Il semblait inquiet, il regardait à droite, à gauche, anxieusement.

Quand il me vit, son visage devint clair et riant.

Il dit :

— J'ai cru qu'ils allaient m'emmener avant
que vous fussiez arrivé.

Je m'approchai ; il me saisit le bras ; il
m'attira ; je me baissai et il m'embrassa fréné-
tiquement.

Je l'embrassai aussi et puis je me redressai.

Alors il appuya sa tête contre ma cuisse, et,
de la main, je lui tapotais la joue en disant
seulement :

— Mon vieux Morel ! Mon vieux Morel !

Lui, ne disait rien, et je sentais sa joue
mouillée sous mes doigts.

BENIC

BLOND, les yeux bleus, la peau fine et un peu jaune comme une peau de fille anémique, la tête ronde passée de près à la tondeuse, et pas un poil de barbe ni de moustache, il paraissait avoir dix-sept ans.

Il avait un pied fracassé, il souffrait. Tout son courage était parti; il n'en avait jamais eu beaucoup.

Hier déjà j'avais hésité à l'amputer, et ce matin je pensais:

« Ce sera pour aujourd'hui. Comment va-t-il

accepter cela, ce grand garçon puéril et pusil-
lanime ? »

Quand je suis arrivé près de son lit, il m'a
dit d'une voix suppliante :

— Monsieur le major ! dites ! coupez-moi
la jambe ! vous serez bien gentil ! je souffre
tant ! Et puis, si vous attendez, il sera peut-
être trop tard. Coupez-la moi, je vous en prie !
dites ! coupez-la moi !

Il tenait ma main, il s'est mis à la baiser
ardemment.

Je l'ai vite retirée, je me suis senti rougir
et je lui ai dit un peu rudement :

— Voyons ! Bénic ! ne t'énerve pas comme
cela.

— Oh ! Monsieur le major, coupez-la moi !

J'ai croisé mes mains derrière mon dos.

— Sois tranquille, Bénic. Je te promets que,
s'il faut couper ta jambe, nous la couperons
tout de suite, sans attendre qu'il soit trop
tard ; mais si nous pouvons te la conserver,
tu penses bien que nous te la conserverons.

— Oh ! là ! là ! ils ne veulent pas la couper, il sera trop tard ensuite !

Et il s'est mis à pleurer comme un petit enfant.

Je lui ai demandé :

— Dis-moi ! Est-ce que tu souffres beaucoup maintenant ?

— Oh ! oui ! c'est-à-dire non ! mais je ne veux plus la garder, j'ai peur de mourir.

— Bénic, tu dis des bêtises ; il n'est pas question de mourir ; on va te porter à la salle de pansement, et nous verrons ce qu'il faut faire. Je te promets de t'opérer tout de suite si je vois qu'il serait dangereux d'attendre.

Il répétait larmoyant :

— Oh ! coupez-la ! coupez-la tout de suite !

Je lui ai demandé encore :

— Quel est ton métier, dans le civil ? :

— Chaudronnier, Monsieur le Major, je travaille presque toujours assis et je peux très bien me passer d'une jambe.

Quand son pansement a été enlevé, tandis que j'examinais sa jambe, il a vu mon air soucieux et il m'a dit :

— N'est-ce pas qu'il faut la couper ?

Il a dit cela si joyeusement, souriant déjà, que moi je souriais presque aussi en répondant:

— Oui.

Alors sa figure s'est épanouie tout à fait; il s'est mis à rire aux éclats.

— Quelle chance ! je savais bien qu'il fallait la couper ! je suis content ! oh ! oh ! je suis content ! quelle chance ! que vous êtes gentil !

Et il riait de si bon cœur que nous avons tous été obligés de rire avec lui.

BERTIN

Bertin arrive à l'ambulance, souffrant beaucoup, le bras droit cassé par une balle.

Je le panse.

Quand je reviens le voir, l'après-midi, il me tend la main gauche en souriant et me dit :

— Ah ! Monsieur le docteur ! Maintenant ça va comme une fleur !

CLODOMIR

L'INFIRMIÈRE a enlevé la chemise de Clodomir, en la lui retournant par-dessus la tête. Mais elle a oublié de déboutonner la manche, la seule manche dont Clodomir ait encore besoin, et elle tire pour faire sortir la main.

La main ne sort pas.

L'infirmière s'impatiente et tire.

Clodomir s'impatiente aussi et dit :

— Voyons ! Mademoiselle ! quand vous êtes pour sortir vot'vache de l'écurie, il faut d'abord ouvrir la porte.

Je ris, mais Clodomir reste sérieux, hausse les épaules et grogne :

— C'est vrai, ça !

L'infirmière a trop tiré sur la manche, elle ne parvient pas à la déboutonner, la main est coincée.

Clodomir se déride et ajoute :

— Et même si la vache est plus grosse que la porte n'est large, il faut attendre qu'elle ait fait son veau.

———

La plaie de Clodomir ne suppure presque plus. Je lui ôte, un peu brusquement, son pansement.

Il fait la grimace et dit :

— Il n'y a plus de sauce, les pommes de terre collent au chaudron.

———

Clodomir est assis au bord de son lit, tout nu, vêtu seulement du gros pansement blanc qui enveloppe son épaule gauche.

De sa main droite il ramène sa couverture sur ses genoux.

Je suis assis sur une chaise.

L'infirmière coupe le pansement.

Lui, regarde par la fenêtre, et dit :

— Un temps vieux, aujourd'hui !

J'approuve au hasard ;

— Oui.

Il regarde ma tête, regarde le ciel, et explique :

— Il est tout gris.

————

Decérignan a eu un abcès à la fesse.

Il fait ses premiers pas, fortement courbé en avant, comme un vieux.

Clodomir nous dit :

— Il passe, et, cinq minutes après, on voit venir son derrière.

MOUSSA

QUAND j'ai vu Moussa pour la première fois, il était couché sur un lit d'hôpital. Il avait rejeté loin de lui ses couvertures, et il s'agitait en geignant, grand corps noir sur le drap blanc. Sa jambe gauche, brisée, était à peine maintenue dans une gouttière en fil de fer. Une odeur infecte emplissait la chambre.

Je me suis approché. Il m'a chassé, de la main, comme une mouche, en protégeant sa jambe, et il a dit quelques mots de sa langue

qui ne devaient pas être d'aimables mots, à
en juger au ton dont ils étaient dits.

Ceux qui le soignaient se sont débarrassés
de lui volontiers; il mordait les infirmières,
menaçait les médecins et n'était, me dit-on,
que le plus méchant et le plus intraitable des
sauvages.

On disait même qu'il appartenait à une
tribu d'anthropophages et qu'il avait, sûre-
ment, mangé lui-même de l'homme.

On me l'a donné.

Quand je l'ai pansé, il a d'abord manifesté
une grande frayeur et une grande colère;
mais dès qu'il a vu que je ne lui faisais pas
de mal, que Mlle Mante lui soutenait le pied,
et M. Simpson le genou, de telle façon qu'il
ne souffrait pas, il a commencé à prendre
confiance. Et lorsque, après le pansement
fini, la jambe bien redressée, bien calfeutrée,
bien immobilisée dans son appareil, il s'est
trouvé à son aise, alors, tout de suite, il s'est
apprivoisé et m'a serré la main.

Chaque jour sa confiance est allée grandis-
sant, et bientôt il m'a accueilli comme un ami.

J'ai même pu, après quelques semaines, lui faire vraiment mal, sans qu'il bronchât, parce que je lui avais expliqué que c'était pour le guérir.

Il est maintenant un grand enfant très confiant, le plus facile des malades pour les infirmières et le meilleur des camarades pour les autres blessés.

Son pansement est devenu un jeu, il m'aide, il soutient lui-même sa cuisse, à deux mains, arrange le coton dans son coussin, serre les sangles, met les attelles en bonne place.

Pour finir, il attache à son gros orteil une ficelle qu'il tire de temps en temps pour redresser son pied.

Et il semble trouver à cela grand plaisir.

———

Moussa est maniaque. Son pansement doit être exécuté chaque jour, suivant une immuable liturgie.

Si j'y ajoute une cérémonie nouvelle, ou si j'en retranche une ancienne devenue inutile, il proteste en disant :

— Ta! Ta! Ta! non! pas bon ça!

Et il reste de mauvaise humeur jusqu'au lendemain. Il m'en veut. Il est convaincu que je n'ai pas été consciencieux.

———

— Donne-moi béquilles! dit Moussa.

Il prononce béquiles.

— Non, mon vieux Moussa, pas de béquilles! il faut te promener dans ta petite voiture.

— Hé! non! la voiture y en a pas bon, donne-moi béquiles.

— Non! Moussa! avec des béquilles tu pourrais tomber et casser ta jambe encore. Elle est déjà bien assez cassée comme cela.

— Pourquoi casser? pas tomber! donne-moi béquiles.

— Zut! Moussa!

———

Et pendant plusieurs jours, Moussa, tenace, exaspérant, dès qu'il me voit, réclame des béquilles.

Je finis par lui dire :

— Moussa ! chaque fois que tu me demanderas des béquilles, je te donnerai une claque.

— Qu'est-ce que c'est que ça, claque ?

— Tiens, voilà ce que c'est ; mais ça c'est une toute petite claque.

— Donne-moi claque, grande claque si tu veux, mais donne-moi béquiles.

— Tiens, Moussa ! voilà ta claque, et deux claques et trois claques, mais tu n'auras pas de béquilles.

Et je lui administre une volée de claques amicales.

Il cache sa tête dans ses bras, en riant, et crie :

— Donne-moi béquiles !

Je m'en vais.

De derrière la porte, je l'entends encore crier :

— Donne-moi béquiles !

———

En traversant un couloir, je croise Moussa qui se promène dans son fauteuil.

Il actionne avec les mains les grandes roues
caoutchoutées sur quoi le fauteuil est monté.

Il s'arrête, se retourne à demi et me crie :

— Donne-moi béquiles !

Et il se sauve, riant de son rire le plus
aigu, poussant, à coups redoublés, les jantes
de ses roues.

———

Moussa est triste, il ne mange pas et reste
au lit. Mademoiselle Mante s'inquiète ; moi
aussi.

— Où as-tu mal, Moussa ?

— Je ne sais pas.

— As-tu mal à la tête ?

— Non.

— As-tu mal là ? et je lui touche le cou.

— Non.

— As-tu mal à ta jambe ?

— Non.

— Au ventre ? au dos ?

Toujours non.

Enfin il dit :

— Donne-moi béquiles.

Je lui donne la claque promise et il retrouve sa bonne humeur.

———

Mademoiselle Mante vient me chercher parce que Moussa a refusé de lui obéir et l'a injuriée en termes qu'elle ne veut pas me répéter.

Je trouve Moussa dans son fauteuil roulant. Sa jambe cassée est allongée sur une planche.

Je lui adresse les reproches demandés.

Tête baissée, il m'écoute et ne répond pas.

Enfin je lui ordonne d'aller se mettre au lit. Il ne bouge pas, ne répond pas.

Trois fois je lui ordonnne d'aller se mettre au lit. Il ne bouge ni ne répond.

Je ne sais plus comment m'en tirer. J'ai l'air idiot.

Je m'en vais brusquement.

Une heure après je reviens.

Moussa est toujours à la même place.

Je dis un mot à chaque malade, mais je passe devant Moussa sans le regarder.

Et je m'en vais.

Au milieu de l'après-midi je reviens encore. Moussa s'est mis au lit.

Je dis bonjour à chaque malade, je jette un coup d'œil aux feuilles de température et je ne m'occupe pas de Moussa.

Quand j'ai déjà la main sur la poignée de la porte il grogne tout à coup :

— Et moi ! Tu ne dis rien à moi !

— Toi, je ne te connais plus, tu n'as pas voulu m'obéir et tu mériterais de passer au conseil.

— Moi toujours t'obéir à toi, toi galon. Pas obéir à Mademoiselle Mante, pas galon.

— Moussa, tu ne m'as pas obéi ce matin, et puis il faut obéir aussi à Mademoiselle Mante. Mademoiselle Mante a beaucoup plus de galons que moi : cinq galons !

Je lui montre mes cinq doigts bien écartés.

— Tou ! Tou ! Tou ! fait Moussa en secouant la tête et en agitant négativement son index.

Mais il redevient bon enfant et fait tout ce que Mademoiselle Mante lui ordonne de faire.

———

J'ai fait une petite opération à la jambe de
Moussa.

Quand il se réveille, encore abruti par l'é-
ther, il s'agite et crie :

— Coupé la jambe ! coupé la jambe ! Ha !
pas bon !

Mademoiselle Mante lui dit :

— Mais non, Moussa ! le docteur n'a pas
coupé votre jambe (Mademoiselle Mante est la
seule personne qui emploie le vous pour parler à Moussa), il a seulement coupé un peu la
peau.

Mais Moussa répète :

— Oui ! oui ! coupé la jambe !

Il est couché, la tête très basse après l'anes-
thésie. Mademoiselle Mante lui saisit les jambes et les soulève, toutes raides, jusqu'à ce
qu'il les voie.

— Tenez, Moussa ! regardez ! vous voyez
bien que vous avez vos deux jambes.

Moussa se calme et se rendort.

Quand il se réveille, il recommence à s'a-
giter et à crier :

— Coupé la jambe, docteur ! pas bon, doc-teur !

Il faut encore que Mademoiselle Mante lui soulève les deux jambes pour qu'il les voie.

Alors il se calme et se tait.

———

Une circulaire ministérielle prescrit de réu-nir tous les blessés musulmans dans certains hôpitaux qui leur seront réservés, pendant la durée du Ramadan, afin qu'ils puissent y jeûner, selon les préceptes du Prophète.

Je demande à Moussa :

— Es-tu musulman ?

— Oui, docteur.

— Veux-tu faire Ramadan ?

— Si tu veux, moi je veux bien.

— Mais toi, veux-tu ?

— Oui, je veux.

— Tu sais ce que c'est que Ramadan ?

— Oui, oui, Ramadan, y a bon.

— Tu es bien musulman ?

— Oui, oui.

Je m'en vais, pas du tout convaincu que

Moussa soit musulman, et encore moins qu'il sache ce que c'est que le Ramadan.

Le lendemain, je trouve Moussa dans la désolation. Mademoiselle Mante, consternée, me dit qu'on va le renvoyer. Il faut que tous les musulmans soient partis ce soir; il n'y avait pas de temps à perdre, l'interne a signé les papiers.

Je me précipite au bureau où un employé me dit qu'il a interrogé Moussa, que Moussa est musulman, veut faire Ramadan et que, par conséquent, nous devons l'envoyer, au plus tôt, dans un des hôpitaux indiqués par la circulaire.

Je reprends les papiers de Moussa et je remonte le trouver.

— Voyons, Moussa, es-tu musulman, oui ou non ?

— Moi comprends pas musulman.

— Alors pourquoi m'as-tu dit hier que tu étais musulman et l'as-tu dit encore au Monsieur du bureau ?

— Moi musulman pour rester ici, pas musulman pour aller dans un autre hôpital.

— Nom d'une pipe ! Moussa ! es-tu musulman, oui ou non, à la fin ?

— Comme tu veux. Moi je veux rester avec toi.

— Alors veux-tu faire Ramadan ?

— Moi connais pas Ramadan. Qu'est c'est ça Ramadan !

Je garde Moussa.

LES UNS SONT GAIS

LES uns sont gais et ne pensent qu'à la joie du moment présent, la joie de dormir en paix, de n'avoir rien à faire, de manger et de boire à large satiété.

D'autres qui ont été gais aussi, maintenant s'attristent. Ils se lassent de cette vie trop facile et s'amolissent et le sentent et réagissent et commencent à vouloir s'en aller.

D'autres gardent l'épouvante de la bataille, et lâchement avouent qu'ils ont peur d'y retourner.

Quelques-uns même sont heureux d'être infirmes ou mutilés parce qu'ils sont assurés de n'y pas retourner. Et ceux-là, de tous, sont les plus gais.

CELUI-LA ÉTAIT SOLDAT
DE METIER

CELUI-là était soldat de métier.
Il aimait la guerre et n'y retournera pas ; il est encore malade, il sera infirme.

Il est couché depuis des mois, pour des mois. Il a perdu tout courage ; la fin de la guerre, chaque jour se rapproche, même si elle est encore très loin.

J'ai beau lui répéter en riant qu'il ne sera pas un infirme, qu'il retournera à la guerre, je ne le crois pas assez moi-même pour le lui faire croire, et quand il pleure et se désole, je n'ose plus affecter, devant lui, une offensante gaieté que je n'ai pas.

Et je ne sais plus que lui dire.

CELUI-LA QUI VA MOURIR

CELUI-là, qui va mourir, est calme et grave. Il ne souffre pas ; il dort presque ; il rêve presque ; et ses idées s'embrouillent dans les mots qui sortent de sa bouche.

Ses paupières ne se ferment pas tout à fait, un croissant de blanc reste à découvert.

Quand je l'appelle, il fait un effort, il ouvre lentement ses yeux ; mais ses yeux ne regardent plus nulle part, ne se fixent plus nulle part.

Je lui demande comment il se trouve et je me penche très bas pour entendre sa réponse qui dépasse à peine ses lèvres :

— Tout à fait bien ! tout à fait bien !

CELUI-LA N'AVAIT
QUE SA SOUFFRANCE

CELUI-là n'avait que sa souffrance pour s'attacher à moi, pour m'attacher à lui.

La souffrance est partie ; il ne pense plus à à la mort ; il s'en va joyeux, il est pressé de s'en aller.

Pour lui j'ai pleuré, j'ai donné ma peine et mon amour ; je suis content qu'il s'en aille.

Nous nous serrons la main. Rien ne passe plus de son cœur dans le mien.

Et si je pense à lui, plus tard, je le verrai toujours, tel qu'il était quand il était le plus près de la mort, le plus près de moi, quand je l'aimais et qu'il m'aimait.

CELUI-LA EST ENTRÉ
CETTE NUIT

ELUI-là est entré cette nuit.

Il ne parle pas, il répond à peine et presque grossièrement ; il ne demande rien, il n'a pas encore souri.

Mais il s'apprivoisera peu à peu.

Demain il rira. Il deviendra bavard, farceur, un peu exigeant, et la guerre, enfin, lui fera connaître ici, les plus heureux instants de vie qu'il ait jamais vécus, qu'il ait peut-être encore à vivre.

NE TE PRESSE PAS D'ADMIRER
CELUI-LA

Ne te presse pas d'admirer celui-là qui, stoïquement, te dit :

— Docteur, faites ce que vous avez à faire. Coupez-moi la jambe, les deux jambes si vous le jugez nécessaire.

Il a peur de la mort, il sait qu'elle rôde autour de lui, et il veut bien lui donner en pâture une jambe, un bras, deux jambes s'il le faut, et les deux bras encore pour la rassasier, pour qu'elle s'en aille et ne revienne plus, de longtemps.

Cet autre qui gémit, qui a peine à accepter que tu fasses de lui un infirme, celui-là redoute moins la mort.

Il aime la vie, bien sûr ! mais il ne croit pas qu'elle vaille qu'on la conserve à tout prix ; trop de souffrance ou trop d'épouvante sont un prix plus grand qu'elle ne vaut.

LES UNS ONT MONTRÉ
LEUR HÉROISME

LES uns ont montré leur héroïsme dès qu'il a été assez grand pour être aperçu.

D'autres ont été héroïques sans que personne s'en soit jamais aperçu.

D'autres ont caché leur lâcheté tant qu'elle n'a pas été assez grande pour ne plus pouvoir passer inaperçue.

Et celui qui a été lâche un jour, a peut-être été héroïque le lendemain.

D'autres n'ont jamais rien eu à montrer, ni à cacher, ni héroïsme, ni lâcheté.

VERS LA BATAILLE

MAINTENANT il faut m'en aller vers la
bataille, heureusement vers la bataille ! Il faut quitter l'hôpital ; il faut
quitter mes malades ; les vieux, les anciens
qui sont à peu près guéris, qui sont aussi
guéris qu'ils pourront jamais l'être ; les nou-
veaux, ceux qui sont encore très malades, qui
ne sont pas sûrs de vivre ; m'en aller sans
savoir seulement s'ils vivront ou s'ils mour-
ront ; leur dire adieu et m'en aller.

LE DERNIER SOIR

Les malades étaient gais et m'ont dit au revoir comme chaque soir.

Quand je suis sorti de la salle, Mademoiselle Mante est sortie avec moi et m'a demandé d'une voix étouffée et douce :

— Est-ce vrai que vous nous quittez ?

J'ai fait signe que oui. Si j'avais essayé de prononcer un mot, je n'aurais pas pu le prononcer jusqu'au bout.

— Oh ! quand partez-vous, docteur ?

J'ai pu dire :

— Demain.

Et je me suis accoudé à la fenêtre, la tête dans mes mains. Mademoiselle Mante s'est accoudée près de moi et sa petite voix plus étouffée, plus douce a dit :

— C'est terrible ! C'est terrible ! Personne ne sait encore cela. Qu'est-ce que Moussa va devenir ? Et nous tous, qu'est-ce que nous allons devenir ?

Et puis j'ai entendu qu'elle pleurait.

Et puis elle a répété :

— Comme c'est triste ! Comme c'est triste ! Adieu ! restez là, ne bougez pas, il ne faut pas bouger, je sais que vous ne pouvez pas bouger, je vais rentrer dans la salle.

Elle s'en est allée lentement, sans faire de bruit, sans chercher ma main, et je ne me suis pas retourné.

LES SOLDATS MORTS

Les soldats morts, rangés au flanc de la colline, tendent leurs croix, chacun sa croix hors de la terre.

Et chaque jour, les rangs de croix montent plus haut sur la colline.

Demain, d'autres morts viendront dans les tombes creusées, toutes prêtes, devant leurs anciens.

Un cercueil et un peu de terre, le trou sera comblé, la tombe sera pleine. Un soldat mort, encore, tendra sa croix hors de la terre, à son rang.

Portant les armes au drapeau qui est planté là-haut, sur la colline, lentement ils montent à l'assaut, les soldats morts avec leurs croix.

Montez! Montez! les soldats morts! Il nous faut de la mort encore pour vivre.

Le canon roule comme un tambour lointain qui nous appelle.

Montez! Montez! les soldats morts! Nous finirons la besogne que vous avez commencée.

Les tombes vides sont pour nous.

POSTE DE SECOURS
SOUS UN HANGAR

ODEUR de sang, partout du sang, du sang noir et de la boue, du sang rouge qui coule.

Cris de douleur et râles d'agonie. Un vivant à côté d'un mort, et puis, tous deux, on les emporte.

Un vivant qui crie, un vivant qui râle, un mort on l'emporte.

Toujours on en apporte, des vivants, des morts.

On en apporte qui sont morts déjà quand ils arrivent.

On en apporte qui sont morts avant que j'aie fini de les panser.

Les vivants on les emporte.

Les morts on les emporte.

Toujours on en apporte, des vivànts, des morts. On les emporte.

On les apporte, on les emporte, barbes sanglantes, faces ouvertes, yeux arrachés qui pendent, crânes béants, membres tordus, broyés, coupés, déchiquetés, ventres crevés d'où les entrailles sortent, du sang partout, du sang noir et de la boue, du sang rouge qui coule, odeur de sang, du sang, de la souffrance, de la mort.

AGONIE

Je me penche sur lui ; il n'est pas mort ; il
a un peu de vie encore, à peine un petit
reste de vie qui ne peut plus faire remuer
ses membres, ni faire voir ses yeux, ni faire
entendre ses oreilles.

Un peu de vie, juste assez pour qu'il ne soit
pas mort, à peine assez pour qu'il sente un
peu de souffrance ; et puis plus de souffrance,
et puis un imprécis bien-être à mesure que ce
reste de vie, lentement, s'en va — calme bien-
être du sommeil qui vient, du sommeil pro-

fond dans la mort plus profonde encore et plus calme.

La mort hésite ; un peu de vie revient, et la souffrance ; la mort tarde. Et lui, maintenant, la voit qui s'avance, et la peur devant elle, l'atroce grimaçante peur qui crie :

— Voilà la mort !

Et c'est la mort. Et c'est l'angoisse, la terreur, la mort — la mort, la paix, l'oubli.

AU BRUIT DU CANON

En cet instant des hommes meurent, éventrés, déchirés, et d'autres souffrent, voudraient mourir et ne peuvent pas mourir.

Tout près des leurs, couchés au fond d'un trou d'obus, ils appellent, ils souffrent, ils ont froid, ils saignent, ils ont soif.

La nuit tombe, personne ne vient à leur secours, personne ne peut aller à leur secours.

Et ceux qui sont retournés dans la tranchée, après l'attaque, entendent devant eux, tout près d'eux, une voix qui appelle.

Ils disent :

— Pauvre bougre !

Ils parlent haut pour ne plus entendre cette voix ; ils l'entendent encore ; ils parlent plus haut, ils rient, ils chantent.

C'est l'autre, maintenant, qui les entend et qui se tait.

Ils n'entendent plus rien : ils se taisent et se trouvent lâches.

Alors, celui qui va mourir crie encore :

— A moi, à moi !

Les vieux se bouchent les oreilles, et les plus jeunes pleurent.

Pendant trois jours, quatre jours, cinq jours, on entend le cri affreux :

— A moi, à moi !

Et puis plus rien, on n'entend plus rien.

Tout le monde se tait pour écouter.

On n'entend plus rien.

Lui non plus n'entend plus rien.

Il est mort !

NOUS AUTRES MORTS

Vous avez remis vos habits de paix. Nou
autres morts nous gardons nos habits
de guerre, nos capotes bleues, nos habits de mort, dans la terre.

Vous avez repris vos métiers d'autrefois, travail de main, travail de tête. Nous autres morts nous nous reposons toujours.

Vous êtes maintenant chez vous, à la maison ; vous embrassez vos enfants, vous prenez vos femmes dans vos bras, vous sentez de la chair vivante contre votre chair. Nous autres morts, nous n'avons plus enfants ni femmes ;

nos enfants sont des orphelins, nos femmes sont des veuves, ou bien, déjà, elles se sont données à un autre homme.

Quand le soir vient, vous fermez votre porte, et vous allez dormir dans votre lit. Nous autres morts nous sommes entassés pêle-mêle, mort sur mort, sans cercueil, dans la même fosse. Dans un cercueil, nous serions, au moins, un peu chacun chez nous.

Quand vous pensez à nous, vous dites :

— Nos morts ont oublié, nos morts ont pardonné peut-être.

Nous autres morts, nous n'avons rien oublié.

Nous autres morts, nous n'avons pas pardonné.

N'oubliez pas, non plus.

Et ne pardonnez pas.

UNION SACRÉE

LES unes après les autres, les voitures
d'ambulance s'arrêtaient sur la place,
devant l'école que l'on avait transfor-
mée en hôpital.

Les infirmiers descendaient les brancards,
et, comme ils étaient fatigués, ils les dépo-
saient, peut-être, un peu brusquement par
terre. Les blessés gémissaient à la secousse.

Le curé du village était là, un gros curé
mal rasé, très grand, à la soutane verdâtre,
tachée, râpée, graisseuse, aux énormes sou-
liers trop cirés. Il levait les bras et les laissait

brusquement retomber, s'agitait, allait, venait, grognait sourdement chaque fois qu'un blessé gémissait. Mais il n'osait rien dire.

Et juste au moment où l'on posait à terre, sans ménagements, un homme déjà vieux, tout gris, qui poussa une longue plainte, le major sortait. Il se mit à hurler, d'une voix enrouée :

— Nom de Dieu de Nom de Dieu ! espèces de brutes ! Vous ne voyez donc pas que vous faites souffrir ce pauvre type ! Qu'est-ce que vous diriez si vous étiez à sa place ? Nom de Dieu de Nom de Dieu de cochons !

Et une litanie de jurons et invectives à faire fuir le moins pudique curé !

Mais le curé, la face épanouie, les deux mains croisées sur son gros ventre que secouait, par saccades, un rire profond, les larmes aux yeux, marmottait :

— Ah ! le brave homme !

BILLET DE LOGEMENT

ANS cette maison calme et triste, la
guerre aussi est entrée.

Des soldats allemands sont venus,
qui ont violé la servante et dévalisé la cave.

Le fils a été emmené prisonnier en Allemagne.

La servante a été violée.

Pauvre trésor de chasteté, le seul qu'elle
eût jamais possédé, un soudard le lui a dérobé.

Elle a souffert, elle a crié, elle a saigné ; le
soldat s'en est allé, en ricanant, en disant des

mots qu'elle n'a pas compris, qu'elle n'a même pas écoutés.

Elle a caché sa figure dans ses mains, elle a pleuré, longtemps pleuré et sangloté, en appelant son fiancé.

Le canon tonnait, les obus éclataient.

Elle pleurait, elle sanglotait, elle appelait son fiancé.

Elle aura un enfant à moitié allemand.

L'aimera-t-elle ?

Ira-t-elle le jeter à la rivière ?

AU REPOS

Dans une ville morne, au repos, loin du front.

On entend quelquefois le canon, en prêtant l'oreille, à la nuit tombée, quand tous les bruits ont cessé. Les gens de la ville sont humiliés quand on ne l'entend pas, et, bien souvent, ils croient l'entendre alors qu'on n'entend rien du tout.

Ce soir je l'entends vraiment, au-dessus du bruit clair de mon pas sur le pavé.

Il n'y a que moi qui l'entende; tout le

monde dort ; toutes les lumières sont éteintes derrière les volets.

On n'allume plus les réverbères.

J'entends sonner les trois pendules de la ville ; une demie ; un coup chacune l'une après l'autre. Aux heures longues elles chevauchent l'une sur l'autre, celle de l'église, celle de la mairie, celle de l'école.

Je trouve en tâtonnant le trou de ma serrure. La serrure claque, la porte grince, je suis rentré.

Il n'y a plus personne dans les rues.

LA FÊTE DES MORTS

LES cloches sonnent, sonnent pour les morts, pour tous les morts, pour ceux qui sont morts depuis longtemps, les vieux morts que personne ne connaît plus, pour ceux qui viennent de mourir et n'ont pas encore pris leur parti d'être morts, pour tous les morts.

Les cloches sonnent. C'est la fête des morts; une fête où personne ne se réjouit.

Les vivants pensent aux morts, à leurs morts.

Les vivants pensent qu'un jour aussi ils seront des morts.

Personne ne se réjouit à cette fête.

Fête des morts. Les cloches sonnent.

Les morts sentent une allégeance au poids de mort qui pèse sur leurs os.

Les morts sentent une tiédeur passer dans leurs os.

Les morts sentent un peu d'amour, comme autrefois le sang, imbiber leurs os.

Les morts rient. Mais ce n'est pas un rire qui rie, le rire des morts !

Les morts ne peuvent pas se réjouir.

Les cloches sonnent ! Les cloches sonnent !

Les morts rient du large rire des morts. Mais ils ne se réjouissent pas, ils ne peuvent pas se réjouir, ils ne peuvent pas remuer leurs os.

Les cloches sonnent !

Les morts, lentement, se rappellent qu'ils sont des morts.

Ils sont morts.

Les cloches ne sonnent plus.

Ils sont morts.

La fête est finie.

Les cloches ne sonnent plus.

ÉGLISE DE BLACY

C'EST une église de village, humide et froide, une pauvre église badigeonnée qui n'a pas reçu d'obus.

Le canon roule, les vitraux tremblent.

De larges plaques de badigeon sont tombées. On voit le mur de pierres grises, mal assemblées et mal taillées.

Les piliers sont tachés de moisissures vertes. Près du sol les taches sont plus grandes et le vert plus foncé.

A la nef et aux bas côtés, le plafond est tout plat, un plafond de bois, de vieux bois brun.

Le chœur est en belles ogives de pierre nue et propre, bien jointoyée; et les deux chapelles aussi, au bout des bas côtés : une pour Saint-Joseph, une pour la Sainte-Vierge; deux tristes saints en plâtre peint, chacun sur un autel rococo en bois doré.

Patientes et mélancoliques, à demi écrasées, des têtes grotesques soutiennent les retombées des voûtes.

Des losanges de plomb encadrent les petits vitraux blancs des fenêtres.

Un Saint-Martin tout neuf et fade, monté sur un cheval fougueux, à la verrière de l'abside, d'un coup d'épée partage son manteau. Le vieux mendiant qui le regarde a l'air très étonné.

Le canon roule, les vitraux tremblent.

J'entends les coqs du voisinage qui se répondent.

J'entends un canard cancaner devant la porte entr'ouverte.

Le vent siffle dans les sapins du cimetière, et les vitraux tremblent plus fort. Par le trou d'un vitrail brisé, je vois des branches qui se balancent et le ciel gris.

Le canard est entré dans l'*église*.

Il marche lentement, patte après patte à petits pas, à petit bruit de pattes molles sur les dalles.

Trois heures sonnent, trois coups précipités et clairs.

Les coqs chantent.

Le canon roule, les vitraux tremblent.

CLAIR DE LUNE

UNE lune en haut ; une lune en bas ; il y a deux lunes.

Une lune dans le ciel ; une lune dans l'étang ; deux grandes lunes claires et de petites étoiles pâles éparpillées dans le ciel, de petites étoiles pâles éparpillées dans l'étang.

La lune de l'étang me fait la grimace, en plissant sa face, parce que j'ai jeté une pierre dans l'eau.

La lune du ciel est la plus belle.

Une lune qui monte, une lune qui descend.

La lune du ciel s'élève dans le ciel.

La lune de l'étang s'enfonce dans l'étang.
Elle ne fait plus la grimace ; je n'ai plus jeté
de pierre dans l'eau ; elle est aussi belle que
la lune du ciel ; elle est toute pareille à la lune
du ciel.

Il n'y a plus de ciel, il n'y a plus d'étang :
deux belles lunes claires.

Une lune en haut ; une lune en bas.

Une lune qui monte, une lune qui descend.

Deux grandes lunes claires et de petites
étoiles pâles éparpillées tout autour.

LE FLOT DES GUERRES
ANCIENNES

Autour des couvents silencieux, bien clos, coulaient les guerres. Les armées hérissées ruisselaient, hurlant, chantant.

Un peu d'écume, un peu de bruit, bondissait par dessus les murs.

Flots après flots, un flot plus fort rompait la muraille, et les soldats entraient.

Caves pillées, moines éventrés, hosties profanées, trésors volés, les soldats s'en allaient.

Le flot passait, le flot s'évaporait. Quelques

flaques restaient, que la terre lentement bu-
vait, quelques traînards que les manants, un
à un, assommaient, dans les champs, dans
les bois.

Et le couvent reprenait vie, silencieux derrière ses murs relevés, derrière ses portes
closes, bien verrouillées, peintes à neuf.

LA FORCE

IL voulait entrer dans Paris, en maître dans Paris, l'Allemand !

Moustaches dressées comme des oreilles de baudet, caracolant derrière ses fifres et ses tambours, il voulait entrer dans Paris par la large voie magnifique : la Grande-Armée !

Casque en tête, derrière ses fifres et ses tambours, il voulait passer sous l'Arc de nos triomphes.

Et là, il se serait arrêté :

« Que sont tous ces pauvres triomphes anciens, maintenant, à côté des miens ? »

Et là, sous l'élan de l'impuissante Marseillaise rugissante, il se serait drapé dans sa cape grise, bien drapé pour bien cacher son petit bras de dégénéré, il aurait vu, très loin, au fond, au bout de la splendeur des Champs-Elysées, derrière l'obélisque, dans la brume, le Louvre, et il aurait crié :

« Je suis vraiment l'homme de Dieu sur la terre. »

Ivre de force et de carnage, il n'aurait pas encore compris qu'il n'avait que de la force qui ne pouvait produire que du carnage, et que la force n'est plus rien si l'on trouve plus fort que soi.

Tu n'es pas entré à Paris, Boche dégénéré, et tu sais maintenant que la force n'est plus rien — rien — quand on a trouvé plus fort que soi.

LE SACRIFICE

Beaucoup d'entre nous sont déjà morts. Beaucoup meurent chaque jour encore.

Mais nous savons tous, maintenant, que la France ne mourra pas, et alors, pour ceux qui meurent, il est plus dur de mourir.

Quand nous reculions devant l'Allemand, quand l'Allemand avançait, marchant sur Paris, nous pensions :

« La France va mourir. Mieux vaut mourir avec elle. »

Si la mort était dure, elle était moins dure,

cependant, que tout ce qui n'aurait pas été elle.

Maintenant nous savons que la France est sauvée et vivra ; nous voudrions tous la voir vivre après la guerre, voir comment elle vivra, être bien sûrs, en la voyant vivre, qu'elle vit vraiment encore.

Ceux qui meurent maintenant ont beau se dire :

« La vie de la France sera faite de ma mort, de toutes les morts. »

Malgré eux, au plus profond d'eux, ils pensent, ils ne se disent peut-être même pas :

« Pourquoi ma mort et pas une autre mort? Pourquoi ne suis-je pas parmi ceux qui verront la fin victorieuse ? Tous ne pourront pas la voir, je le sais, mais pourquoi, moi, ne suis-je pas parmi ceux qui la verront? »

Et le sacrifice est plus dur, parce que, maintenant, il serait meilleur de vivre que de mourir, meilleur de vivre dans la France vivante que de mourir pour la faire vivre.

ENDURCISSEMENT

Nous nous habituons à voir tant de souffrances que la vue de la souffrance, peu à peu, ne nous déchire plus comme autrefois.

Nous ne souffrons plus toutes les souffrances que nous voyons souffrir ; nous en avons encore pitié, mais nous sommes obligés de penser qu'il faut avoir pitié, pour nous apitoyer encore.

Chaque jour nous devenons plus durs, et pour souffrir maintenant les souffrances que nous voyons souffrir, il faudra que nous soyons frappés nous-mêmes, déchirés nous-mêmes, ouverts nous-mêmes, notre corps ouvert, nœud de souffrances, amas de chairs sanglantes, comme ceux que nous voyons souffrir.

LE BON MÉDECIN TROP BIEN PORTANT

Il chante, il siffle, il plaisante, il rit, en pansant un homme qui gémit, qui pleure.

Il n'écoute pas ses gémissements, il ne fait pas attention à ses pleurs.

Il se moque de ses plaintes, pas méchamment ! Oh non ! en bon garçon qu'il est.

Il éclate de santé et de vie, à côté de ce misérable à moitié mort.

Il dit joyeusement :

— Après ça, je vais aller faire une bonne promenade, pour me dégourdir les jambes.

Et l'autre ne sait même plus comment se coucher, sur le dos, sur le ventre, sur un côté. Il est couvert de plaies qui suppurent, de plaies douloureuses, et ses jambes paralysées ne sont plus que des branches mortes à son tronc.

QUAND LA GUERRE SERA FINIE

Quand la guerre sera finie, nous aurons vu tant de misères, subi chacun tant de misères, que tous nous serons compatissants et bons.

Quand la guerre sera finie, nous serons tous frères, le frère aidera le frère, chacun mangera à sa faim, faim de son corps, faim de son âme.

Quand la guerre sera finie, la peine de l'un sera la peine de l'autre, chacun portera toutes les peines avec sa peine, et sa peine en sera plus légère.

Quand la guerre sera finie, il n'y aura plus, chez nous, de lâche ni de menteur; chacun aura le regard clair, le cœur loyal et la main large ouverte.

Ha! Ha! Ha!

Quand la guerre sera finie, il n'y aura plus de pitié dans le monde, nous aurons tué la pitié aussi, à force de tuer.

Quand la guerre sera finie, nous ne pourrons plus oublier que la force est la seule loi et le seul droit. Et, de la force qui aura détruit les autres forces, le peu qui restera, sera toute la force et tout le droit, pour faire la loi.

Quand la guerre sera finie, nous saurons ce que c'est que la haine, la haine que la plus féroce vengeance ne peut adoucir.

Quand la guerre sera finie, quand nous nous serons vengés de la plus féroce vengeance, notre haine ne sera pas adoucie, mais nous aurons le cœur plus calme, dans notre haine.

Quand la guerre sera finie, malheur aux vaincus! malheur à nous si nous sommes vaincus ! on nous réduira à merci, à néant, on nous prendra l'amour, la vie, l'honneur, la richesse si nous en avons et tout le reste.

Quand la guerre serā finie, malheur à nous si nous sommes vainqueurs ! Nous prendrons tout au vaincu, même sa peau ! même son âme ! Malheur à lui !

Malheur à nous ! Sa peau sur nous ! Son âme en nous !

Nous lui casserons les reins, et le bruit de ses reins qui cassent sera pour nos oreilles la plus douce musique.

Pour entendre encore cette musique, nous saisirons notre frère.

Et s'il est plus fort que nous, malheur à nous ! il nous cassera les reins.

Et s'il est moins fort que nous, malheur à nous et honte ! nous lui casserons les reins.

Quand la guerre sera finie, malheur à nous ! vainqueurs, vaincus !

Puisses-tu ne jamais finir, guerre !

Jamais finir ! Malheur à nous !

TABLE DES MATIÈRES

―――――

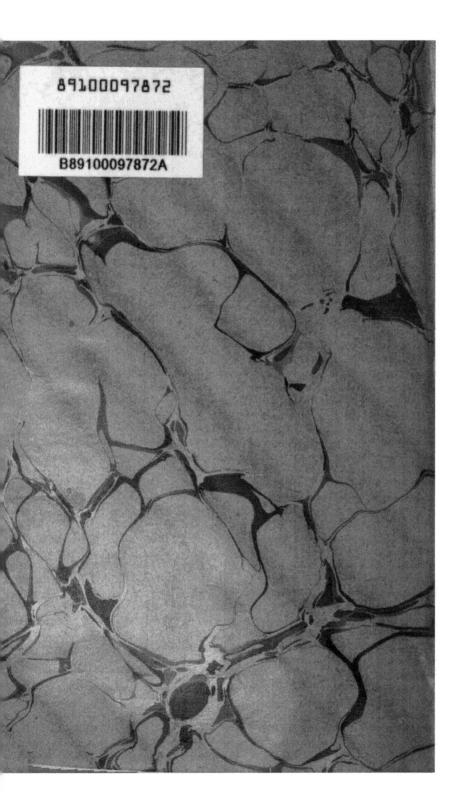

Lightning Source UK Ltd.
Milton Keynes UK
UKHW020201220920
370298UK00013B/550